SCHÖNER LEBEN
mit dem
KLEINEN ARSCHLOCH

Heppi Börsdai
Kimberli I
All the best for your future

Love Bruno

Walter Moers

SCHÖNER LEBEN
mit dem
KLEINEN ARSCHLOCH

Ein umfassender Ratgeber für alle Aspekte modernen menschlichen Daseins; mit zahlreichen Abbildungen und unter besonderer Berücksichtigung von Sex, Drogen & Alkohol

Eichborn - Verlag

Walter Moers, Jahrg. 1957, geb. in Mönchengladbach. Veröffentlicht Comicbücher im Eichborn Verlag, Kinderbücher bei Ravensburger und Beltz & Gelberg. Mitarbeiter der Zeitschriften TITANIC und Kowalski, geistiger Vater der Figuren »Käptn Blaubär« und »Kleines Arschloch«.

Die Deutsche Bibliothek – CIP-Einheitsaufnahme

Moers, Walter:
Schöner leben mit dem kleinen Arschloch / Walter Moers. –
Frankfurt am Main : Eichborn, 1992
  ISBN 3-8218-2993-1 Pb
NE: HST

© Vito von Eichborn GmbH & Co. Verlag KG, Frankfurt am Main, Oktober 1992.
Umschlaggestaltung: Walter Moers.
Gesamtherstellung: Fuldaer Verlagsanstalt GmbH.
ISBN 3-8218-2993-1.
Verlagsverzeichnis schickt gern:
Eichborn Verlag, Hanauer Landstraße 175, D-6000 Frankfurt/Main 1

»Das Leben ist eine Hure, die ich
persönlich kennengelernt habe.«

Eric Bogosian

Inhalt

Die Geschlechtsteile

Die Faszination der Menschen für Geschlechtsteile ist so anhaltend wie unerklärbar, keinem anderen Körperteil wird auch nur annähernd so viel Aufmerksamkeit gewidmet. Ein Ellenbogen z. B. kann von makelloser Schönheit sein − er wird niemals ein solches Hallo verursachen wie ein Penis oder eine Vagina, obwohl diese bei objektiver Betrachtung aussehen wie radioaktives Gemüse aus dem Weltall. Es wird wohl ein ewiges Geheimnis der Schöpfung bleiben, wieso die Geschlechtsteile nicht die Erscheinungsform von etwas haben, das das Auge erfreut, etwa die eines Alpenveilchens oder einer mundgeblasenen Vase aus dem Harz.

Das männliche Glied

Das männliche Glied gilt als der Mercedes unter den Geschlechtsorganen. In erregtem Zustand erreicht ein normalgewachsenes männliches Glied eine Länge von 60 Zentimetern und wiegt ungefähr 3 Kilo. Aber selbst ein Glied von nur 40 Zentimetern kann bei feuchter Witterung noch zeugungsfähig sein. Das männliche Glied kann exakt 950mal ejakulieren, das entspricht ziemlich genau einem halben Eimer.

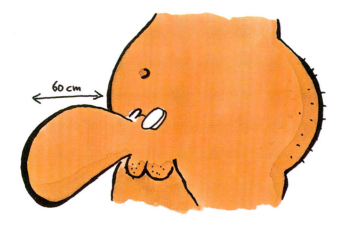

60 cm

Der Samen

Der männliche Samen besteht aus Gehirnzellen, die über den Hippotalamus und das Rückenmark an die Hoden geleitet werden. Bei jeder Ejakulation verliert der Mann ungefähr 5 Milliarden Gehirnzellen, das ist doppelt so viel wie bei einer Vollnarkose.
Ganz wesentlich für die Produktion von Samen ist die Potenz.

Die Potenz

Die Potenz eines Mannes setzt mit der Pubertät ein und steigert sich von dort an kontinuierlich bis ins hohe Alter. Als Faustregel gilt:
Ein Mann kann pro Tag so oft ejakulieren (abspritzen), wie er Jahre alt ist. Liegen Ihre Werte darunter, sollten Sie sich Sorgen machen. Wahrscheinlich haben Sie Hodenkrebs.

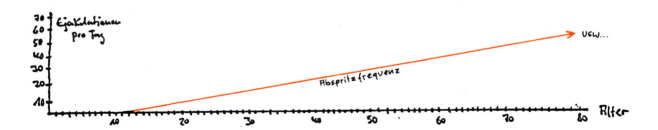

Das weibliche Glied

Das weibliche Glied (auch Klitoris oder Kitzelchen genannt) ist im Vergleich zum männlichen eigentlich kaum erwähnenswert. Von Natur aus zwergenhaft und zurückgeblieben, verbirgt es sich gerne unter zwei Hautlappen, den Schamlippen, die oft von prächtigem Bartwuchs umstanden sind.

Die Schamlippen

Die Beschaffenheit und Ausdehnung der Schamlippen bestimmen die sexuelle Attraktivität einer Frau maßgeblich. Männer bevorzugen mächtige, raumgreifende Schamlippen. Man kann übrigens die Größe der Schamlippen einer Frau bestimmen, ohne sie nackt gesehen zu haben: multiplizieren Sie einfach die Länge ihrer Ohrläppchen mit der Breite ihrer Oberlippe, und Sie haben die Quadratzentimeterzahl der Schamlippen.

Die Vagina

Zwischen den Schamlippen liegt die Vagina. Sie ist innerlich gelagert und weitgehend unerforscht. Man vermutet, daß sich dort eine Art geheime Kommandozentrale verbirgt, die das Schicksal des Universums steuert oder so, will das alles aber auch gar nicht so genau wissen.

Der Geschlechtsverkehr

Begegnet ein geschlechtsreifes männliches Glied einer Vagina im freien Sexualwettbewerb, kann es zu einem Geschlechtsverkehr kommen. Die Samenvermittlung kann auf die abenteuerlichste Art und Weise praktiziert werden, je nach Interessenlage, Einkommen und Religionszugehörigkeit. Vorher allerdings möchte das Weibchen heftig umbalzt werden.

Vorbereiten des Geschlechtsverkehrs

Wenn Sie einer Frau nachhaltig imponieren wollen, dann legen Sie vor dem Rendezvous ein möglichst prunkvolles Gewand und einen Kopfputz aus Frischgeld an, das signalisiert soziale Sicherheit.

Führen Sie die Frau in ein Restaurant. Sobald Sie am Tisch sind, setzen Sie Ihre »Markierung«, indem Sie rund um den Platz der Dame urinieren. Damit haben Sie Ihre Besitzansprüche angemeldet und Ihr »Revier« festgelegt. Treten und beißen Sie jeden, der es verletzt (bis auf den Kellner).

Loben Sie jetzt die Beckenbreite der Frau, spekulieren Sie lautstark über ihre Gebärfähigkeit. Verblüffen Sie sie mit der Kenntnis der Quadratzentimeterzahl ihrer Schamlippen. Frischen Sie bei Gelegenheit die Markierungen auf.

Schwenken Sie jetzt Ihr Gemächt herum, annoncieren Sie sein Gewicht und seine Länge und fordern Sie jeden geschlechtsreifen Mann im Lokal zum Schwanzvergleich. Prahlen Sie mit dem Markennamen Ihrer Unterhose und der Anzahl Ihrer Kabelprogramme. Bestellen Sie die Rechnung und fordern Sie den Kellner zum Schwanzvergleich.

13

Schöner Ficken mit dem kleinen Arschloch

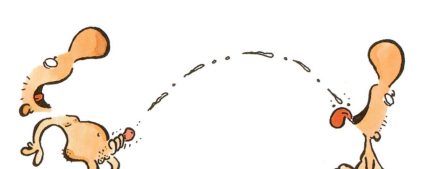

"ARC DE TRIOMPHE" - zeitlos
und formschön.

"NEGERKUSS" - Genuss
ohne Reue

" DOPPELTER SCHMECKLECKER " -
geht auch mit Frauen.

"EISKALTER ENGEL" -

"Der Samurai ist so einsam
wie der Tiger im Dschungel",
sagt ein japanisches Sprichwort.

"EINFACHER UNILINGUS " -
die Männer greifen zur Selbst-
hilfe. Wie schmeckt euch
das, Emanzen ?!

Die 11 heissesten Stellungen

"RICHTHOFENS RACHE" -
Ein Doppeldecker besonderer Art.

"FIRSCHFICK IN DER STAATSOPER"- auch
"DOPPELTER NUREJEW" genannt.

"EINARMIGER BANDIT"-
So fickt man in Las Vegas!

"OLD SHATTERHAND UND WINNETOU"-
die Idealstellung für platonische
Beziehungen.

"BAUTZENER POLONAISE"- Splitternackt
im Sicherheitstrakt!

"DÄMMERSCHOPPEN AM KILIMANDSCHARO" -
eine Sexualvariante aus Schwarzafrika,
die auf chronischen Wassermangel
zurückzuführen ist.

Das Vorspiel

Sobald Sie die Dame Ihres Herzens in Ihre Wohnung gezerrt haben, beginnen Sie mit dem Vorspiel. Wenn Sie selber kein Instrument beherrschen, spielen Sie ihr einfach irgendeine Platte vor, stecken Sie dann Ihr Glied in ihre Vagina und spritzen Sie schreiend Ihren Samen hinein.

Oralsex

Oralsex meint Vögeln mit dem Mund. Man unterscheidet zwischen Cunnilingus und Fellatio, je nachdem, wer gerade muß.

Cunnilingus

Haben Sie schon mal einen Ameisenbär gesehen, der über eine Termitenkolonie herfällt? Genau so.

Fellatio

Nehmen Sie die Harnröhre Ihres Partners so tief wie möglich in den Mund und versuchen Sie dann, »Generalkonsulat« zu sagen.

Der Orgasmus

Eine eher beklagenswerte Folgeerscheinung des Geschlechtsverkehrs. Würdeloseres motorisches Verhalten als beim Orgasmus wird sonst nur noch bei alternden Schwermetallmusikern und in Tanztherapiegruppen beobachtet. Versuchen Sie möglichst darauf zu verzichten, oder, wenn es schon sein muß, nehmen Sie wenigstens eine möglichst lässige Haltung ein. Gefühlskälte und Körperbeherrschung sind heutzutage Trumpf.

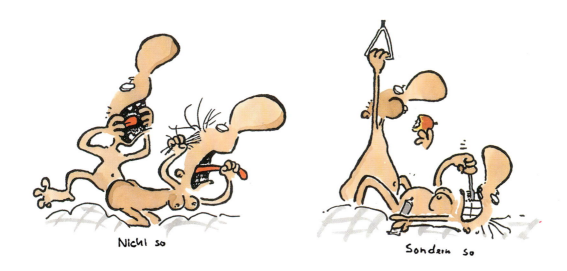

Nicht so   Sondern so

Das Nachspiel

Nach vollzogenem Austausch der Geschlechtsmittel sind Männer oft sehr schmusig und zärtlichkeitsbedürftig, während Frauen eher grob und abweisend sind. Springen Sie über Ihren eigenen Schatten, seien Sie zärtlich zu Ihrem Mann! Blasen Sie ihm ins Ohr, produzieren Sie einen Lippenfurz auf seiner Brustwarze, kneifen Sie ihn in die Hoden und stecken Sie ihm den Finger in den Po – er braucht das jetzt.
Frauen hingegen schätzen es, wenn man sie direkt nach dem Vögeln nach der Uhrzeit fragt.

Die Folgen

Ein tadellos vollzogener Geschlechtsverkehr führt nach unserem Schöpfungsplan in der Regel zum »Wunder des Lebens«.

Das Wunder des Lebens

2. Monat

3. Monat

4. Monat

5. Monat

6. Monat

7. Monat

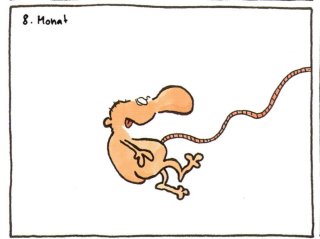

8. Monat

9. Monat

Verhütung

Wenn Sie auf das Wunder des Lebens keinen besonderen Wert legen, dann gibt es einige erprobte Mittel, es zu vermeiden oder stillschweigend zu beseitigen. Hier die beliebtesten:

Geisseln, Kalte Duschen   Koitus interruptus   Kastration

Afrikanische Fetische   Staubsauger   Korkenzieher

Kondome

Der Umgang mit Kondomen ist kinderleicht: Füllen Sie ein Kondom bis zum Anschlag mit Rotwein und werfen Sie damit nach schlechten Menschen. Aber benutzen Sie niemals ein Kondom beim Geschlechtsverkehr! Der Anblick eines Mannes, der mit zitternden Fingern versucht, ein Kondom überzustülpen und dabei gleichzeitig die Erektion zu halten, ist eines der würdelosesten Schauspiele in der Geschichte zwischenmenschlichen Bemühens. Nehmen Sie lieber eine kalte Dusche oder geißeln Sie sich mit nassen Handtüchern, darin liegt mehr Würde als in einem Geschlechtsverkehr, bei dem Ihr Schwanz eingepackt ist wie eine Teewurst.

Und schließlich: wenn Sie so einen Schiß vor unheilbaren Übertragungskrankheiten haben, warum gehen Sie dann ausgerechnet zu den Huren? Wieso schleppen Sie ständig wechselnde Geschlechtspartner aus übel beleumdeten Lokalitäten ab? Und muß es denn unbedingt Analverkehr auf dem Stadtparkklo mit ständig wechselnden Partnern sein? Praktizieren Sie lieber einen tüchtigen Trockenfick!

Schöner Trockenficken mit dem kleinen ArschLoch

"FEUERPAUSE IN STALINGRAD" –
ein Landserherz kann viel
verzeih'n.

"DER FLUCH DER MUMIE" – Lagerkoller
auf der Intensivstation.

"20000 STÖSSE UNTER DEM MEER" –
sehr im Trend : Tiefseevögeln.

"STRICKLIESL UND DER SANSOBÄR" –
Wollust in höchster Vollendung.

Ganz groß im Kommen : Trockenfickganzkörperkostüme –
Für Sie und Ihn !

Schwangerschaft

Natürlich können Sie auch der Schwangerschaft ihren gottgegebenen Lauf lassen, wobei Sie allerdings eines bedenken sollten: Bei jeder Niederkunft verliert eine Frau 10 Milliarden Gehirnzellen, das ist ungefähr soviel wie ein Junkie beim goldenen Schuß. Außerdem ist der Umgang mit schwangeren Frauen sehr heikel. Der weibliche Organismus produziert während der Schwangerschaft ein körpereigenes euphorisierendes Rauschmittel, das manch ein Drogenhändler gerne auf Flaschen ziehen würde. Es macht abhängig und kann zu weiteren Schwangerschaften führen. Zudem empfindet sich eine Frau während der Schwangerschaft als zwei Personen und redet von sich in der Mehrzahl. Bevor Sie also eine Frau schwängern, sollten Sie sich überlegen, ob Sie die nächsten 9 Monate den Haushalt mit einer drogensüchtigen Schizophrenen teilen wollen.

Misslungene kinder

Ein Gehfehler, ein Schielen, ein Wasserkopf – so etwas kann einem die Lust am ganzen Kind verderben. Es wäre verlogen, dem Wechselbalg falsche Elternliebe vorzuheucheln. Lassen Sie es also die ganze Wucht Ihrer Abneigung spüren und schaffen Sie es sich so schnell wie möglich vom Hals. Schon bei der Namensgebung können Sie dafür sorgen, daß seine Existenz zur Hölle wird. Nennen Sie das Kind einfach »Joghurt«, »Arschfick« oder »Vagina«, das wird ihm eine Lehre sein, derart mißgestaltet in Ihr Leben zu platzen. Machen Sie das Kind zum Spielball Ihrer Launen, kleiden Sie es ausschließlich in grobes Sackleinen, und schicken Sie es barfuß in den Schnee, zum Streichhölzerverkaufen. Sobald es strafmündig geworden ist, schmuggeln Sie ihm 10 Gramm Heroin unters Kopfkissen und rufen dann die Bullen.

Wunschkinder

Ein Wunschkind läßt sich ganz einfach durch die entsprechende Lektüre beim Geschlechtverkehr bestimmen. Lesen Sie dabei »Onkel Tom's Hütte« und »Moby Dick«, dann bekommen Sie einen einbeinigen Neger, lesen Sie »Auf der Suche nach der verlorenen Zeit« und »Das Rußlandhaus«, dann bekommen Sie einen schwulen Spion.

Masturbation

Es gibt drei große Augenblicke im Leben eines gläubigen Menschen: die erste Kommunion, die erste Masturbation und die letzte Absolution. Man sollte jeden dieser Akte so feierlich wie möglich begehen. Fallen Sie also nicht über Ihren Schwanz her wie Hitler über Polen – seien Sie einfühlsam. Sagen Sie ihm, daß es nicht nur der Sex ist, der Sie zu ihm hinzieht, sondern vielmehr seine Intelligenz und sein Sinn für Humor. Schieben Sie zärtlich seine Vorhaut zurück, knuddeln Sie Ihre Hoden. Massieren Sie Ihre Brustwarzen, kneten Sie Ihre Pobacken und lecken Sie Ihre Achselhöhlen, wenn Sie so gelenkig sind. Würgen Sie jetzt Ihr Glied, bis es volle Masturbationshöhe erreicht hat (60 cm). Wenn es sich ziert, geben Sie ihm ein paar Ohrfeigen, oder zerren Sie an Ihren Schamhaaren. Spritzen Sie so weit wie möglich ab, messen Sie die Entfernung und prahlen Sie damit vor Ihren Freunden.
Frauen machen genau dasselbe, nur im umgekehrten Uhrzeigersinn.

Tabus

Grundsätzlich ist beim Geschlechtsverkehr alles erlaubt, was zur Hebung des Orgasmusniveaus dient. Nur eins sollte man dabei nicht tun: lachen. Sex ist ein heiliger Akt, ein Gebet aus Körpersäften, ein Hochamt der Lust, darüber lacht man nicht. Besonders Männer sind da sehr heikel. Schon manch ein Heiterkeitsausbruch einer Frau beim Anblick eines männlichen Geschlechtsteils hat zu Kurzschlußreaktionen bis zum Axtmord geführt. Also verkneifen Sie sich das Lachen. Sie fangen ja auch nicht an zu onanieren, wenn jemand einen Witz erzählt.

Sex mit Minderjährigen

Also das kommt natürlich überhaupt nicht in Frage!

Oooch...wieso denn nicht..?

Drogen

Wie die populärsten Drogen wirken; wie man ihre Wirkung mit billigsten Mitteln simuliert; was man nach Genuß tun kann und welche Musik man dabei hört.

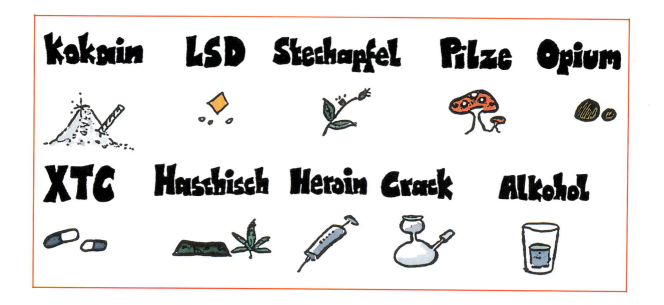

kokain

Kokain, auch Fickpuder genannt, gilt als die Gesellschaftsdroge Nr. 1. Sie suggeriert dem Konsumenten, ein extrem gutaussehender, höchst eloquenter Nobelpreisträger mit der sexuellen Anziehungskraft eines schwarzen Loches zu sein. Auf jemanden, der kein Kokain genommen hat, wirkt das eher wie ein exkommunizierter Trappistenmönch, der weiße Puderreste an den Nasenlöchern hat und sich um Kopf und Kragen quasselt.

Kokain steigert das Mitteilungsbedürfnis, lähmt aber in gleichem Maße die Selbstkritik, was dazu führt, daß man jeden chemischen Kurzschluß im Kleinhirn für bares Geld hält und meint, daß er umgehend einer breiteren Öffentlichkeit vermittelt werden muß. Kokaingenuß ist die Hauptursache für Rap-Lyrik, Performances und die Gesamtwerke von Rainer Werner Fassbinder und Hermann Göring.

Für den Kokaingenuß in der Öffentlichkeit gelten ganz besondere Umgangsformen. So sollten Sie es vermeiden, wenn Sie sich auf einer wilden Party mit anderen Kokainisten befinden, dort eine ein Meter lange Koksstraße auf den Tisch zu legen und zu verkünden:

Gehen Sie lieber aufs Klo. Aber auch dabei ist Vorsicht geboten! Sie können nicht 15 Minuten lang die einzige Toilette des Hauses blockieren, dabei Geräusche wie ein Industriestaubsauger machen und glauben, Sie kämen ungeschoren davon. Führen Sie deshalb immer einige Briefchen mit ungelöschtem Kalk mit sich, die Sie nachher großzügig an Ihre Freunde verteilen können.

Sex auf Kokain ist in der Tat eine Angelegenheit höherer Vergnügungsordnung. Dazu nur eines: Falls Sie jemals das Gerücht gehört haben, daß ein männliches Glied durch Kokaingenuß so hart werden kann, daß man damit einen gefrorenen Acker umpflügen kann: das stimmt.

Wie man die Wirkung von Kokain simuliert:

Vier Tütchen Nescafé mit einer Tafel Schokakola aufkochen, auf Ex trinken.

Aktivitäten: Freeclimbing, Volksreden, Zehnkampf.

Musik: Richard Wagner, »Walkürenritt«.

29

LSD

LSD ist definitiv **keine** Gesellschaftsdroge. Menschen unter Wirkung von LSD neigen zu Introvertiertheit, Absencen, trinken wenig Alkohol und spielen ungerne Skat. Sie sind vielmehr mit universellen Fragen und existenzphilosophischen Problemen oberster Ordnung beschäftigt, dabei läßt sich nun mal schlecht kegeln.

Unter LSD sollte man auch sportliche Aktivitäten wie Völkerball oder Formationstanz meiden und sich außerdem von öffentlichen Auftritten fernhalten (Büttenreden, Kanzelpredigten). Seien Sie unter der Wirkung dieser Droge auf alles gefaßt! Von kleinen singenden Männern, die auf ihrem

Kopf eine Kathedrale errichten, sollten Sie sich nicht irritieren lassen. Und wenn Sie in den Spiegel sehen und dort Charles Manson erblicken, schenken Sie dem einfach keine Beachtung. Sie sind nur auf dem »Horror«. Das geht vorbei, in zirka 10 bis 48 Stunden. Entspannen Sie sich! Legen Sie einfach eine Platte auf und »fühlen« Sie ein bißchen Musik. Das geht, auf LSD geht alles. Fühlen Sie, wie die Harmonien Ihren Körper umspülen, durch Ihre Gehörgänge in Ihr Gehirn kriechen und sich dort in kleine fette Würmer mit dem Gesicht von Charles Manson verwandeln, denn Sie sind ja immer noch auf »Horror«. Dagegen helfen kalte, zuckerhaltige Getränke. Trinken Sie ein Glas Limonade und spüren Sie dabei, daß Sie fünf Lippen haben. Das bringt Sie ganz schön auf »Horror«, was? Lassen Sie ein paar andere LSD-Konsumenten an Ihren paranoiden Wahnvorstellungen teilhaben, das geht ganz leicht.

Erzeugen Sie irritierende Geräusche (etwa mit dem Fingernagel unter der Tischplatte), murmeln Sie mit verstellter Stimme Sätze bedrohlichen Inhalts, stellen Sie sich doof, wenn man Sie fragt, ob Sie etwas gehört hätten. Oder schildern Sie einfach Ihre eigenen Halluzinationen und erzählen Sie von Ihrem »Kumpel«, der vom »gleichen Stoff« dermaßen draufgekommen ist, daß er jetzt in einer Gummizelle die Spinnen an der Wand zählt. Das genügt manchmal schon, um einen eben sich noch im Einklang mit dem Universum befindlichen LSD-Astronauten in ein kreischendes Nervenbündel zu verwandeln.

Wie man die Wirkung von LSD simuliert:

Fünfzehn Minuten hyperventilieren und zwei Gauloises gleichzeitig auf Lunge rauchen. Hinlegen.

Aktivitäten: Liegenbleiben. Eventuell onanieren.

Musik: Walgesänge.

Stechapfel

Wenn Sie Wert darauf legen sollten, sich einmal zu fühlen wie der Hauptdarsteller in einem Hieronymus-Bosch-Gemälde, dann brauen Sie sich einfach einen Stechapfeltee.

31

Diese nicht zu unterschätzende Naturdroge wächst in jedem besseren deutschen Gehölz und fällt nicht unter das Betäubungsmittelgesetz! Vorsicht allerdings bei der Dosierung! Es gilt die Faustregel: Wenn ungefähr eine Stunde nach Einnahme der Droge die gesamte Belegschaft der »Versuchung des heiligen Antonius« auf einen Sprung vorbeikommt, war die Dosierung richtig; wenn Sie mit Schaum vor dem Mund an eine Tragbahre geschnallt zum Notarztwagen getragen werden, zu hoch. In beiden Fällen werden Sie eine interessante Zeit haben – wenn Sie es interessant finden zu wissen, wie sich ein klinischer Paranoiker auf der Höhe eines schizoiden Schubes fühlt. Die schlimmsten Halluzinationen klingen schon nach einigen Tagen ab.

Wie man die Wirkung von Stechapfel simuliert: Mit einer verdorbenen Fischkonserve lassen sich sehr ähnliche Resultate erzielen.

Aktivitäten: Besenritte, schwarze Messen.

Musik: Carl Orff, Black Sabbath.

Pilze

Die mildesten Ergebnisse erzielen Sie mit Champignons, die wildesten mit Fliegenpilzen. Etwa in der Mitte liegen die Psilozybin-Pilze, kleine unscheinbare Gesellen mit manchmal magischer Wirkung. Doch keine Angst – wenn LSD der Porsche unter den bewußtseinserweiternden Drogen ist, dann ist Psilozybin das Fahrrad.

Das bedeutet, die Grenzen der Wahrnehmung werden nie so drastisch erweitert, daß man glaubt, man habe fünf Lippen – drei Lippen sind das Höchste.

Falls Sie die Pilze richtig dosiert haben, werden sie bald eine nie gekannte Liebe für alle Lebensformen spüren: für Menschen, für Tiere, für Pflanzen und besonders für Pilze.

Wie man die Wirkung von Pilzen simuliert:

Wie LSD, aber mit Leichtzigaretten.

Aktivitäten: Pilze sammeln.

Musik: Beatles.

XTC

XTC wirkt ungefähr so wie alle bekannten Rauschdrogen zusammen, entsprechend wird es auch hergestellt: Man schüttet zu gleichen Anteilen Heroin, Koks, Benzedrin, LSD und eine Flasche Southern Comfort in einen Eimer, dann wird kräftig gerührt. Ähnlich umfassend ist auch der Kater: Sie können noch nach 3 Tagen Ihre Leber brummen hören.

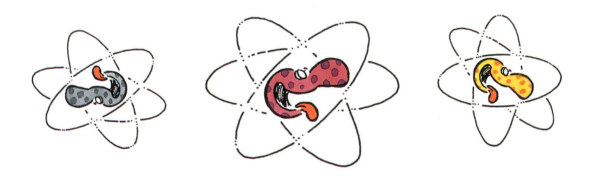

XTC bringt die Hurra-Atome im Gehirn zur Schwingung. Man entwickelt Allmachtsphantasien und hält sich für das Zentralsexualorgan des Universums. Nehmen Sie XTC nur in Gesellschaft möglichst vieler Sexualpartner ein, das Geschlecht oder die Tierart spielt dabei keine Rolle.

33

Sollten Sie den Fehler gemacht haben, die Droge alleine eingenommen zu haben, gibt es nur eine Empfehlung: Ziehen Sie sich nackt aus, laufen Sie in den Park, und vögeln sie einen Baum.

Wie man die Wirkung von XTC simuliert:

Schütten Sie zu gleichen Anteilen Heroin, Koks, Benzedrin, LSD, ein Röhrchen Valium und eine Flasche Southern Comfort in einen Eimer, kräftig rühren.

Aktivitäten:

Tanzen, ficken. Oder beim Tanzen ficken.

Musik: Zu laut.

Haschisch

Haschisch ist keine Droge, sondern ein homöopathisches Mittel, das einer Dämonisierungskampagne zum Opfer gefallen ist. Unter Haschischeinfluß dehnt sich das Raum-Zeit-Kontinuum um 500 Prozent, d. h., man kann bei konsequentem Haschischkonsum 400 Jahre alt werden, mehr als bei jeder anderen Droge.

Wie man die Wirkung von Haschisch simuliert: Schwierig.

Aktivitäten: Mehr Haschisch rauchen.

Musik: Ja, gerne.

Heroin

Sind Sie lebensmüde, aber zu feige zum Sterben? Dann dürfte Heroin genau das richtige für Sie sein. Ein Heroinkick gibt Ihnen all die Liebe, die Sie von

Ihrer Stiefmutter nicht bekommen haben. Das ist wie während eines multiplen Orgasmusses zu erfahren, daß man den Nobelpreis verliehen bekommt. Sie müssen als Gegenleistung nur gelegentlich ein paar gelähmte alte Damen niederstrecken und ausrauben oder Ihr Geschlecht in einer übelbeleumdeten Bahnhofsgegend einer Meute von Randexistenzen feilbieten.

Wenn Ihnen das zu anstrengend ist, können Sie ja ein paar Heroinverherrlichungsschallplatten aufnehmen, die gehen immer wie geschnitten Brot. Reich, fett und nach einer Frischzellenkur von der Droge geheilt, können Sie dann eine Heroinverdammungsschallplatte aufnehmen, die laufen noch besser und werden kostenlos vom Gesundheitsministerium mit farbigen Broschüren unterstützt.

Wie man die Wirkung von Heroin simuliert:

Lösen Sie eine Familienpackung Baldrian in einer Flasche Pernod auf, trinken Sie alles zügig mit dem Strohhalm aus und schlagen Sie sich die Flasche über den Schädel. Das wirkt zwar nicht ganz so wie Heroin, macht dafür aber auch nicht süchtig.

Crack

Crack-Atome gelten als die Roten Khmer unter den Drogenmolekülen: Sie dringen überfallartig ins Gehirn ein und killen dort alles, was sich bewegt. Das überträgt sich auf den Konsumenten: Man möchte am liebsten irgendwo eindringen und dort alles killen, was sich bewegt.

Wie man die Wirkung von Crack simuliert:

Eine Tube Pattex in einer Flasche Domestos auflösen, intravenös injezieren.

Aktivitäten: Säureattentate, Bandenkriege.

Musik: Möglichst von Negern.

Opium

Typische Chinesendroge, konnte sich auf dem internationalen Markt nie richtig durchsetzen, genau wie Hundeessen, Studentenmassaker und Mao Tse-tung.

Wie man die Wirkung von Opium simuliert:

Wie Heroin.

Aktivitäten: Keine.

Musik: Egal.

Alkohol

Alkoholiker sind die Handwerker unter den Drogenabhängigen. Der Alkoholrausch ist der einzige Rausch, den man schichtweise hochziehen kann wie eine Backsteinmauer. Einmal errichtet, bildet er einen soliden Schutzwall gegen das Elend der Welt, gegen Schmerz, Not und Frauenblusen mit Männernamen. Alkohol beseitigt außerdem nicht nur unnötige Hemmungen und moralische Bedenken, er schränkt auch noch die Schuldfähigkeit ein: Schlachten Sie ruhig Ihre ganze Familie mit dem Schlagbohrer ab, häuten Sie einen Polizisten mit einem Käsehobel oder zünden Sie ein Asylantenheim an – aber genehmigen Sie sich vorher um Gottes Willen eine Flasche Reisschnaps, dann kommen Sie mit ein paar Monaten auf Bewährung davon.

Sonstiges

Für Valium, Captagon, Valeron, Codein und ähnliche pharmazeutische Erzeugnisse gilt, was für alle halbwegs legal erwerbbaren Drogen gilt: Finger weg, das ist was für Spießer. Wie kann etwas Spaß machen, das der Hausarzt verschreibt? Es sei denn, Sie klauen die Pillen. Das ist dann wieder cool.

Der Flashback

Ein Flashback ist ein sehr rares Phänomen, das nach dem Konsum von LSD auftreten kann: Tage, Wochen, ja Monate nach Genuß der Droge kommt die halluzinogene Wirkung mit voller Wucht zurück. Das kann, je nachdem, eine willkommene Gratisüberraschung oder eine Geisterbahnfahrt werden, kommt darauf an, wo Sie sich gerade befinden.

Sollten Sie der Ehrengast einer Drogenverdammungsveranstaltung sein oder ein Passagierflugzeug durch ein Andengewitter steuern, dann versuchen Sie, Ruhe zu bewahren. Oder besser: drehen Sie einfach durch und schreien Sie nach dem Notarzt.

Schöner Drogen

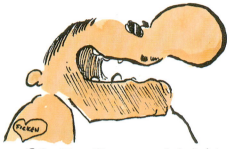

GRUNZ – Die neue Intellektuellendroge. Macht für die Dauer von 3 Stunden dumm wie Brot. Der IQ sinkt auf 12, aber man pfeift auf das Elend der Welt und kann vögeln wie ein sizilianischer Zementmischer.

DRÖHN – Synthetisches Haschisch, hergestellt in holländischen Versuchslabors, 100 mal so wirkungsvoll wie regulärer Stoff. Macht nicht nur geistig, sondern auch körperlich breit.

BLUBBERLUTSCH – Die Modedroge für Jugendliche, die sich nun gar nichts mehr trauen. Rauschtechnisch völlig wirkungslos, dafür in fünf verschiedenen Farben, ohne Kalorien und mit viel Vitamin C.

HEROIN LIGHT – Wirkt nur halb so stark wie normales Heroin, macht aber auch nur halb so süchtig. Die Folge: Man nimmt doppelt soviel, wie bei allen Light-Produkten.

PENG – Der legitime Nachfolger von Crack. Man steckt eine Spezialpfeife direkt ins Gehirn, die Gehirnzellen rauchen dann selber. Man muß dafür ein Loch durch die Fontanelle bohren, aber es lohnt sich.

HALLOWACH 500 SL – Ursprünglich als Fernfahrerdroge gedacht, wird dann aber auch als Sexdroge populär. Man kommt 3 Wochen ohne Schlaf aus, muß aber ununterbrochen ejakulieren. Nachteil: anschliessend stirbt man.

Schöner Leben:
Jugend, Mode, Beruf, Freizeit, Hostienschänden, Behinderten-verhöhnung, Drohbriefschreiben und Kultur

Die Geburt

Das Leben beginnt mit der Geburt. Gesalbt von Fruchtsäften, blind und hilflos flutscht der neue Erdling in die Welt. Eine Welt voller Gefahren, Elend und Not erwartet ihn, voller Krankheit, Bürgerkrieg und Taxifahrer, die irgendwann später noch mal was anderes machen wollen (Bewegungstherapie oder Graphikdesign oder Theaterwissenschaften oder so).

Es ist an Ihnen, das Kind so früh wie möglich darauf vorzubereiten: Zerren Sie es ins Freie und beißen Sie die Nabelschnur durch. Halten Sie es kopfüber aus dem Fenster und erklären Sie ihm den kategorischen Imperativ. Wickeln Sie es in Zeitungspapier, lesen Sie ihm seine Rechte vor und gehen Sie mit ihm ins Programmkino, in irgendeinen möglichst depressiven neorealistischen Schwarzweiß-Film, am besten »Fahrraddiebe«.

kindheit

Die Kindheit ist die öde Wartehalle, in der wir die Zeit bis zum ersten Säfteaustausch und Drogenexperiment absitzen. Qualvoll lange Tage, eingekerkert mit der Sorte von Sympathieträgern, die Erziehungsberechtigte für kindgerecht halten.

Das Gehirn befindet sich noch im Entwicklungszustand, etwa auf dem Niveau eines Zuchtferkels, daher verehrt man die Eltern als eine Art extraterristische Gottheiten, ausgestattet mit magischen Kräften, nur weil sie wissen, wie eine Fernbedienung funktioniert, auch wenn es sich dabei lediglich um zwei arbeitslose, drogensüchtige Neonazis handelt, die auf Kindergeld spekulieren. Aber das werden Sie schon rauskriegen, spätestens dann, wenn Sie sich, in eine Hakenkreuzfahne gewickelt, auf den Treppen des örtlichen Waisenhauses wiederfinden.

Erziehung

Isolieren Sie Ihr Kind von der Außenwelt, salben Sie es mit edlen Essenzen, kleiden Sie es in Samt und Seide und füttern Sie es mit Gelee Royal, dann wird aus ihm mit Sicherheit etwas Besonderes, entweder eine Bienenkönigin oder ein Transvestit.

kindheitsbewältigung

Versuchen Sie aufzustehen. Fallen Sie wieder hin, stehen Sie wieder auf. Fallen Sie wieder hin. Hauen Sie einem Sympathieträger Ihrer Wahl eins in die Fresse. Sobald Sie die Uhr lesen können, zählen Sie die Stunden bis zum ersten Geschlechtsverkehr.

Der Spaß des Lebens

Das Leben beginnt mit der Geburt – das wahre Leben beginnt mit der Jugend.
Ah, die Jugend: Tage des Aufmüpfens, Taumel der Hormone! Es gilt, diese kostbare Spanne nicht mit Lehre oder Studium zu vertändeln, unaufschieb-

bare Drogenexperimente wollen gemacht und wirre politische Ansichten vertreten werden. Wichtiger als Ruhestandsvorsorge und Karrierevergleisung sind jetzt Haarschnitt und bizarres Schuhwerk.

Jugendmode

Es ist das ewige Vorrecht der Jugendlichen, sich grotesk zu gewanden und dennoch stolz einherzuschreiten wie die Rassepudel. Dies allerdings nur im Schutze des Rudels – es gibt kein verloreneres Bild als das eines nach dem letzten Modediktat gekleideten Jugendlichen, der in der Fußgängerzone auf die Ankunft seine Clique wartet.

Kultivieren Sie diese Verlorenheit! Genießen Sie die bohrenden Blicke der Bourgeoisie! Es ist die einzige Zeit Ihres Lebens, in der Sie die Unterwäsche über der Oberbekleidung tragen dürfen, ohne dafür in den Ruch einer Nervenkrankheit zu kommen. Wenn Sie allerdings voll auf der Höhe Ihrer Zeit sein wollen, genügt es nicht, sich blindlings einer schon vorhandenen Modeströmung anzuschließen. Hinterlassen Sie Ihren Fußabdruck im Weichbild Ihrer Epoche, kreieren Sie Ihre ganz eigene Jugendbewegung, das ist einfacher, als Sie denken! Bedienen Sie sich dabei ruhig hemmungslos aus dem Fundus vorhandener Bewegungen (Beatniks, Hitlerjugend, Skinheads, Pfadfinder, Rote Khmer etc.), mit ein bißchen Dreistigkeit und Charisma können Sie schon morgen der James Dean einer brandneuen Jugendkultur sein.

Schöner Aufmüpfen

Sechs Vorschläge zur JugendKultur:

NEOGEO - Klare Formen, primäre Farben. Besondere Kennzeichen: Bauhaus-Schaumstoffkleidung, Eins in Mathe. Vorbilder: Piet Mondrian und der soziale Wohnungsbau. Lieblingsfilm: "Aufbaukurs Geometrie".

HITLIS - Todchicke Mischung aus Hitlerjugend und Friedensbewegung. Besondere Kennzeichen: Gesundheitskeulen und Wehrmachtskoppel. Vorbilder: Hitler und Ghandi. Lieblingsfilme: "Triumph des Willens" und "Glücksbärdis".

GRAVER - Never too young to die! Besondere Kennzeichen: Leichenhemd mit Pappflügeln, Akupunkturnadeln, fahrbarer Einlauf. Lieblingsfilme: "Spiel mir das Lied vom Tod" und der, der abläuft, wenn man stirbt.

BIZARROS: Kein Kult wie jeder andere! Besondere Kennzeichen: Müllsack mit Arm- und Beinlöchern, Schokoladenzigaretten, Holzstiefel, Spannbetonfrisur. Vorbilder: Keine. Lieblingsfilme: "Eraserhead" und "Letztes Jahr in Marienbad".

MUFTIS - Du hast es weit gebracht. Besondere Kennzeichen: Orientalischer Kopfschmuck aus dem 12. Jahrhundert, Platinfrack und Schubkarre voll Geld. Vorbilder: Dagobert Duck und der Schah von Persien. Lieblingsfilm: "Die Farbe des Geldes".

PFADRAPPER - Jeden Tag eine schlechte Tat! Besondere Kennzeichen: Schuhe verkehrtrum und Schwanz aus der Hose. Vorbilder: Malcolm X und Baden Powell. Gehen nicht ins Kino, weil sie das Geld für Drogen brauchen.

Schöner Tätowieren:

Zu einer gestandenen Jugendrebellion gehört auch eine zünftige Tätowierung. Leider läßt die kreative Phantasie professioneller Tätowierer noch sehr zu wünschen übrig, allzu stereotyp ist das Motivangebot. Hier ein paar Gegenvorschläge zum Durchpausen:

Tätowierung "Dilletant". Gegen Überprofessionalität und Perfektionswahn.

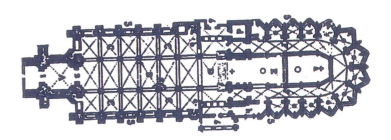

Tätowierung "Grundriss St. Blasius-Kapelle". Für Theologiestudentinnen, Prälaten und Provinzarchitekten.

Krâmer, gip die varwe mir
diu mîn wengel roete,
dâ mit ich die jungen man
ân ir dank der minnenliebe noete.
Seht mich an,
jungen man!
Lât mich eu gevallen!

Tätowierung "Lied der Maria Magdalena beim Salbeneinkauf" (aus dem Benediktbeurer Osterspiel). Nur für Fernfahrer.

Tätowierung "Pofick für Doofe". Für Doofe eben.

Tätowierung "Kindheit in Pommern". Gut, daß das vorbei ist!

Tätowierung "Kleines Arschloch". Tätowierkunst in höchster Vollendung.

Hostienschänden

Solcherart von Kopf bis Fuß stigmatisiert und in feines Tuch gewandet, kann man natürlich unmöglich profanen Beschäftigungen (Arbeit, Studium) nachgehen. Zu einer zünftigen Jugendbewegung gehört auch eine passende Freizeitbeschäftigung, nur sinnentleert und gefährlich genug muß sie sein. Nach Hochhausfreeclimbing und Fahrstuhlsurfen wird heutzutage das Hostienschänden immer populärer. Hostienschänden gilt angesichts der Risiken, denen man sich dabei aussetzt (Blitzschlag, Exkommunizierung, ewige Verdammnis etc.) als die riskanteste unter den illegalen Sportarten.

Die Tatsache, daß man sich nicht nur mit einer mächtigen italienischen Organisation, sondern sogar mit dem Herrscher des Universums anlegt, gibt der Angelegenheit zusätzlich einen rebellischen Pfiff.

Hostienbeschaffung

Hostien in größeren Mengen sind schwer zu beschaffen. Überfälle auf bewachte Hostientransporte bedürfen monatelanger Planung und gehen nur selten ohne Blutvergießen und Wehgeschrei vonstatten. Einfacher ist es, die Hostien einzeln aus dem Gotteshaus zu entführen:

Besuchen Sie ein Hochamt, lassen Sie die Predigt über sich ergehen, heucheln Sie ein bißchen Demut und empfangen Sie die heilige Kommunion. Schmuggeln Sie die Hostie unter der Zunge aus der Kirche, wickeln Sie sie in ein schmutziges Taschentuch und verschleppen Sie sie zu sich nach Hause.

Hostienschänden für Anfänger

Aller Anfang ist schwer. Wenn Ihnen die Blasphemien zunächst nur zaghaft über die Lippen kommen – das ist normal. Schubsen Sie die Hostien ein wenig herum, murmeln Sie ein paar Ketzereien, lästern Sie Gott in Ihrer Anwesenheit (»Gott ist tot!« »Gott ist doof!« »Heil Satanas!« u. ä.). Wenn Sie sich einmal warmgelästert haben, können Sie härtere Kaliber auffahren.

Hostienschänden für Fortgeschrittene

Lesen Sie der Hostie laut aus den Schriften Nietzsches und anderer berüchtigter Ketzer vor. Zeigen Sie ihr Videos mit Filmen von Kenneth Anger und Teresa Orlowski, erzählen Sie Papstwitze. Legen Sie sie als Lesezeichen in den Koran, besuchen Sie mit ihr einen evangelischen Gottesdienst.

Hostienschänden in höchster Vollendung

Ziehen Sie sich nackt aus, schlachten Sie eine Ziege und zelebrieren Sie eine Schwarze Messe. Halten Sie der Hostie eine Predigt aus den Werken Alistair Crowleys, bestreichen Sie sie mit koscherem Brotaufstrich, stecken Sie sie in einen Umschlag und schicken Sie sie nach Mekka.

Behindertenverhöhnung

Hostienschänden ist natürlich nicht jedermanns Sache. Vielleicht verbietet Ihnen ein strenger Glaube oder ein feiges Gemüt die Ausübung dieses Grenzsports.

Wenn Sie eher von schakalhaftem Charakter sind und nach einer risikoärmeren Freizeitbeschäftigung suchen, dann dürfte Behindertenverhöhnung ganz nach Ihrem Geschmack sein.

Behinderte sind ideale Zielscheiben für rohe Späße, Spott und Hohn. Diese Menschen reagieren äußerst dünnhäutig und sind kinderleicht zu beleidigen, besonders, wenn man sie direkt auf ihre spezielle Behinderung anspricht. Fragen Sie mal einen Blinden nach seiner Lieblingsfarbe! Fordern Sie einen Epileptiker zum Veitstanz auf! Behinderte können sich sehr schlecht wehren! Wenn Sie nur einigermaßen gut zu Fuß sind, dürfte Ihnen ein Rollstuhlfahrer kaum etwas anhaben können. Ohne Arme boxt sich schlecht! Obacht allerdings bei Taubstummen, diese Sorte von Behinderten ist oft in erschreckend guter körperlicher Verfassung! – Auch Krückenträger können zur Bedrohung werden: ein wohlplazierter Krückenschwinger hat schon manch einen unvorsichtigen Behindertenverhöhner ins Reich der Träume geschickt.

Und verschwenden Sie Ihre Scherze nicht an geistig Behinderte! Diese Typen sind meistens erschütternd begriffsstutzig.

Der Ernst des Lebens

Die Zeit ist ein reißender Fluß.

Ein bißchen Hostienschänden, ein wenig Behindertenverhöhnung – schon ist die Jugend dahin. Es ist nun daran, beherzt die Zukunft in den Griff zu nehmen. Das klingt unangenehm nach körperlicher Arbeit, sozialer Verantwortung, vorbildlichem Lebenswandel – aber das muß nicht sein. Mit

49

ein wenig krimineller Energie und kreativer Selbstverleugnung können Sie selbst den ödesten Arbeitsplatz in Ihr kleines privates Königreich verwandeln. Das fängt schon bei der Stellungssuche an.

Das Vorstellungsgespräch

Erscheinen Sie zum Vorstellungsgespräch in möglichst exotischer Gewandung, signalisieren Sie Ihrem künftigen Chef gleich zu Anfang, daß Sie nicht nur ein weiterer Wurm im Kompost, sondern die Numero Uno sind. Eine Minnetracht oder ein Liktorenbündel machen sich immer gut, am besten beides.

Artikulieren Sie sich klar und deutlich, wenn nötig, schreien Sie! Verfallen Sie dann wieder in unverständliches Gemurmel und nuschelige Andeutungen mysteriösen Inhalts, das macht Sie geheimnisvoll und zwingt den Gesprächspartner zur Aufmerksamkeit. Verweisen Sie auf Ihre Vorzüge, prahlen Sie ruhig ein bißchen. Behaupten Sie, Sie seien drei Meter groß, der Sohn Gottes, die Antwort auf alle Gebete, etc. Wenn Sie das nur forsch genug vortragen, wird man Ihnen Glauben schenken. Sprechen Sie in fremden Zungen, wenn Sie keine Fremdsprache beherrschen, erfinden Sie eine! Legen Sie einen Fünfjahresplan zur Firmensanierung vor, rufen Sie die Sekretärin herein und diktieren Sie ihr haltlose Gehaltsforderungen. Wenn Sie mit dieser Masche durchkommen, dann gehört der Laden in drei Jahren Ihnen. Wenn nicht, dann lassen Sie beim nächsten Mal das Liktorenbündel weg.

Bewerbung bei japanischen Firmen

Bei japanischen Firmen bewirbt man sich immer schriftlich und in der Art, wie die Japaner ihre deutschen Gebrauchsanweisungen verfassen, nämlich so:

An: SUSHI ELECTRONICS

Sehr geehrte Herr,

ihr wurde gebort an Jahren 1957. Dann vergangen an Schulen und Schalter auf "AUS". Beziehen Sie Haltung auf untere Rahmen vermittels eine "Löfflung". Meine Fähikeiten beziehen sihe auf stenografier, Fremdsprake und Saugen an kleinen Knöpfen.

Das ist die einzige Sprache, die die Schlitzaugen verstehen.

Faustregel

Haben Sie erst einmal einen Job ergattert, gilt für den weiteren Berufsalltag eine simple Faustregel: Diffamieren Sie Ihre Kollegen, wo Sie nur können, suchen Sie immer die Nähe Ihres Chefs und kriechen Sie ihm so tief wie möglich in den Arsch.

Schöner Arschkriechen

Der Weg zum Herzen eines Chefs führt immer durch seinen Arsch. Besonders willensschwache, charakterlose Firmeninhaber sind zugänglich für verlogene Anbiederung und schleimige Komplimente. Loben Sie bei jeder sich bietenden Gelegenheit das Aussehen Ihres Chefs, die Zartheit seiner Haut, die Fülle seines Haars, die Sinnlichkeit seiner Lippen. Sollten Sie einmal zusammen mit ihm an der Pinkelrinne stehen, nutzen Sie die Gelegenheit, lauthals die Größe und Pracht seines Geschlechts zu preisen. Mit kleinen Aufmerksamkeiten (ein paar selbstgepflückte Blümchen, ein selbstverfaßtes Gedicht am Schwarzen Brett, eine Schachtel Konfekt) versichern Sie sich des Wohlwollens Ihres Vorgesetzten. Zeigen Sie sich bei Konferenzen

maßlos beeindruckt von der Schärfe seiner Argumentation, unterstützen Sie seine Meinung mit hysterischen Beifallsbekundungen, entzünden Sie eine Wunderkerze oder schwenken Sie ein Feuerzeug.
Sollte Ihr Chef allerdings eine integre, autonome und autoritäre Persönlichkeit sein, dann fotografieren Sie ihn beim Vögeln mit der Sekretärin und erpressen das Kapitalistenschwein, bis es schwarz wird.

Die Pinkelpause

Wenn Sie sich einmal fest in einer Firma installiert haben, ist nur noch eine Frage von Bedeutung: Wie gestalte ich meine Pinkelpause so abenteuerlich und ausgedehnt wie möglich? Wenn man sich zum Wasserabschlagen aufs Betriebsklo verdrückt, kann man schlecht einen Ghettoblaster oder ein Buch von Tolstoi mitnehmen, ohne Neid und Mißgunst zu erregen. Betriebstoiletten sind außerdem von notorisch niedrigem Unterhaltungswert, man muß also schon seine Phantasie spielen lassen, um etwas Klasse in den tristen Ausscheidungsvorgang zu bringen. Etwa so: Identifizieren Sie Ihre Toilettennachbarn anhand ihres Schuhwerks (im Zweifelsfall stellen Sie sich auf die Kloschüssel und schauen über die Trennwand), analysieren Sie deren Verdauungsgewohnheiten anhand von Geräuschen, machen Sie sich Notizen und überraschen Sie Ihre Kollegen bei passender Gelegenheit (Jubiläum, Geburtstag, Entlassung) mit Ihren intimen Kenntnissen über Verstopfung, Prostatabeschwerden und Masturbationsverhalten durch einen Aushang am Schwarzen Brett.

Wickeln Sie sich komplett mit Klopapier ein, stellen Sie sich vor, Sie seien der satanische Inquisitor des Planeten ZEMPFF, verurteilen Sie in Ihrer Vorstellung all Ihre Vorgesetzten zur Zwangsarbeit in den Feuersümpfen. Blasen Sie auf der verbleibenden Papierrolle eine Cool-Jazz-Improvisation. Verstopfen Sie die Toilette mit dem Klopapier, stellen Sie auf Dauerspülung, gehen Sie an die frische Luft und pflücken Sie Ihrem Chef ein paar Blümchen.

Was man sonst noch während der Arbeitszeit tun kann:

Fotokopieren Sie Ihr Geschlechtsteil und faxen Sie das Bild an den Vatikan. Hören Sie sich auf Betriebskosten die Kinoansage von Hongkong an, und formen Sie aus Büroklammern Nachbildungen populärer Kunstwerke:

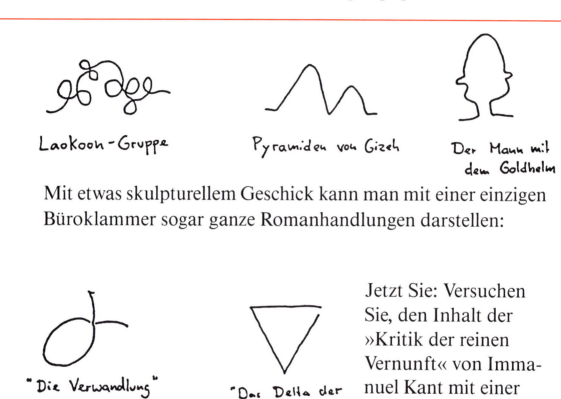

Laokoon-Gruppe

Pyramiden von Gizeh

Der Mann mit dem Goldhelm

Mit etwas skulpturellem Geschick kann man mit einer einzigen Büroklammer sogar ganze Romanhandlungen darstellen:

"Die Verwandlung" von Franz Kafka

"Das Delta der Venus" von Anaïs Nin

Jetzt Sie: Versuchen Sie, den Inhalt der »Kritik der reinen Vernunft« von Immanuel Kant mit einer Büroklammer darzustellen. Lassen Sie sich Zeit, wenn nötig bis zur Pensionierung.

Freizeitgestaltung

Nach einem harten Tag im Büro, aber auch nach einer anstrengenden Hostienschändung sehnt sich der Mensch nach Entspannung und geistiger Anregung. Setzen Sie sich einen schönen Schuß Heroin, trinken Sie eine Flasche Absinth. Gehen Sie ins Kino, lesen Sie ein gutes Buch, oder, wenn Sie gerade mal keins im Haus haben sollten, schreiben Sie sich selber eins.

Wir schreiben ein Buch

Das ist einfacher, als Sie denken. Entgegen allen Mystifikationen aus Schriftstellerkreisen, Schreiben sei eine »Gabe« oder ein angeborenes Talent, behaupten wir: Schreiben ist lernbar wie jeder Beruf, etwa wie Installateur oder Zuhälter.

Der Titel

Wichtig ist zunächst ein möglichst mysteriöser, neugierig machender Titel. »Tagebuch eines Elektrikers« etwa ist denkbar ungeeignet. Tauschen Sie einfach das eine oder andere Wort aus, schreiben Sie anstatt »Elektriker« zum Beispiel »Perrpf«. Klingt geheimnisvoll, nicht wahr? Ei, was ist denn wohl ein Perrpf...? Zack, ein Leser mehr. Oder ersetzen Sie »Tagebuch« durch »Fickgeschichten«: »Fickgeschichten eines Elektrikers« – sex sells! Am besten ist natürlich »Fickgeschichten eines Perrpfs«.

Guter Titel

Schuld und Sühne

Schlechter Titel

Nachdurst und Völlegefühl

Die Handlung

Ein Buch sollte immer von großen Dingen handeln. Krieg, Revolution, Flugzeugträger und Giraffen sind gut, Zwerge, Würmer und Mikroorganismen sind schlecht.

Merchandising

Das wichtigste an einem Buch ist das Merchandising. Egal, wovon es handelt, es sollte auf jeden Fall irgendwo ein möglichst knuddeliger, flauschiger Sympathieträger darin vorkommen, aus dem man nachher eine Schmusepuppe oder einen Schlüsselanhänger machen kann. Wenn Ihr Roman etwa von einem Krebskranken handelt, der im Krankenhaus qualvoll zugrunde geht, dann sollte sein Zimmergenosse beispielsweise ein putziges Rüsseltier sein, ein Ameisenbär vielleicht oder ein Perrpf.

Prominentenbelästigung

Wenn Ihnen kreatives Arbeiten persönlich gar nicht so liegt, Sie aber dennoch die Nähe von Ruhm und Kultur suchen, empfehlen wir eine spontane Prominentenbelästigung.

Wenn Sie einem berühmten Künstler auf der Straße begegnen, brüllen Sie so laut wie möglich seinen Namen und zeigen Sie mit dem Finger auf ihn. Quatschen Sie ihn umgehend an, nennen Sie ihn beim Vornamen und duzen Sie ihn. Sie haben teures Geld für seine letzte Platte (Film, Buch) bezahlt, damit haben Sie ein Recht auf seine Person erworben. Laden Sie ihn auf ein Bier ein – auf seine Kosten! Wenn er ablehnt: hauen Sie ihm eins in die Fresse!

Fordern Sie ein Autogramm (ein Bild, ein Gedicht, ein Ständchen, seine Anwesenheit bei Ihrer nächsten Natursektparty). Wenn er versucht zu entkommen, verfolgen Sie ihn, machen Sie seine Adresse ausfindig, rufen Sie ihn an, am besten nachts und betrunken, Künstler schätzen das Extreme. Wenn er auflegt, schreiben Sie ihm einen Brief. Etwa so:

Lieber (liebe) ...

schon seit langem beobachte ich mit großem Interesse
Ihre Karriere. Darf ich sagen, daß Sie für mich der größte
Schriftsteller (Musiker, Bundeskanzler, Schauspieler etc) der
Neuzeit sind? Manchmal glaube ich sogar, Sie sind Gott.
Und dann glaube ich wieder, Sie sind der Teufel! Warum sonst
geben Sie mir diese Zeichen (Signale, Befehle)? Als Sie
mir in Ihrem letzten Buch (Platte, Film, Regierungser-
klärung) den Befehl zum Töten (Blut trinken, Brand-
schatzen) gaben, habe ich gehorcht. aber jetzt fühle ich mich
schuldig... Ich bin übrigens auch kreativ! Ich töpfere
Gebetsmühlen (mache Skulpturen aus Fleisch, schreibe Fugen
mit Menstruationsblut). Das lenkt mich von den Schmerzen
(Stimmen, Signalen aus dem Jenseits) ab. Diese Schmerzen... sie
machen mich noch wahnsinnig... Ich, wahnsinnig?? **.*
Sagen Sie das nie wieder!!! Letzte Woche, auf dem Weg
zu Ihnen, saß ich im Zug und da wuchs mir diese gotische
Kathedrale (Hand mit sechs Fingern, Gesetzestafel) aus dem
Kopf. Das war sehr peinlich (verwirrend, sexuell stimulierend).
Verrückt, nicht wahr..? Ich bin nicht verrückt!!!!!!!
Wenn Sie das noch einmal sagen, dann...
Ich bin jetzt auf der Flucht. Nachdem ich auf Ihr Geheiß diesen
Pizzaboten im Garten verscharrt (das Blut des familischen Taxi-
fahrers getrunken, das Chorgestühl des Bamberger Doms in Brand
gesetzt) habe, muß ich mich verstecken, in diesen schrecklichen
Kanalisationsröhren unter Ihrem Haus. Manchmal würde ich
nachts gerne zu Ihnen hochkommen und mit Ihnen reden
(schlafen, Blut trinken), aber ich habe Angst, Sie beim
schreiben (denken, regieren) zu stören... Oder warten Sie sogar
darauf...?
                    Bis bald. Ihr (Ihre)...

P.S.: Ihre Hintertür schließt nicht.

Essen und Trinken

Drohbriefschreiben macht hungrig. Leider haben heutzutage Entpersönlichung und Massenabfertigung auch in der Gastronomie Einzug gehalten, besonders in Gaststätten mit niedrigem Preisniveau. Wenn Sie also mit kleinem Portemonnaie in den Genuß einer aufmerksamen und individuellen Bedienung kommen wollen, müssen Sie schon nachdrücklich auf sich aufmerksam machen.

Betreten des Restaurants

Kaufen Sie sich ein Feuerzeug in Form einer Handgranate (erhältlich in jedem Jagdbedarfsgeschäft), tragen Sie etwas Rinderblut auf, treten Sie die Tür des Restaurants ein und annoncieren Sie laut und deutlich:

Beobachten Sie die Reaktionen des Personals und der Kundschaft und vergeben Sie für die instinktivsten Reaktionen (Herzattacken, epileptische Anfälle, Wasserlassen) Reaktionspunkte.

Zünden Sie sich mit der Handgranate eine Zigarette an und nehmen Platz an einem Tisch Ihrer Wahl, möglichst einem belegten, denn in Gesellschaft speist sich's angenehmer.

Die Bestellung

Bringen Sie ein bißchen Sonnenschein in den tristen Alltag des Bedienungs-personals, bestellen Sie lustige Phantasiegerichte (Schmetterlingszungen in Maulwurfstränen, koschere Schweinebacke oder einen Makler in Milch), erraten Sie die Schamlippenlänge der Kellnerin, oder, wenn die Bedienung männlich ist, fordern Sie ihn zum Schwanzvergleich.

Warten auf das Essen

Falten Sie aus der Serviette eine kleine Mitra, segnen Sie das Besteck, und halten Sie eine launige Osteransprache.
Singen Sie ein Lied (»Wir haben Hunger, Hunger, Hunger, haben Durst!«, »Es gibt kein Bier auf Hawaii«) und fordern Sie die Tischnachbarn zum Mitschunkeln auf. Basteln Sie sich ein »sprechendes Brötchen«.

Das sprechende Brötchen

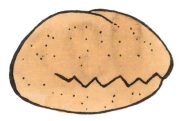

① Brötchen seitlich gezackt aufschneiden.

② Mit dem Finger Augenlöcher stecken

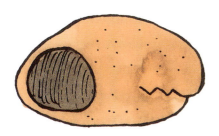

③ Von hinten aushöhlen.

④ Fertig ist das sprechende Brötchen

Inszenieren Sie mit dem »sprechenden Brötchen« eine spaßige Bauchrednernummer. Fragen Sie das Brötchen, ob es Ihnen etwas empfehlen kann, und lassen Sie es dann sagen »Ja, ein anderes Restaurant« (alter Restaurantscherz).

Das dreckige Brötchen

Während Sie auf das Essen warten, können Sie mit dem Brötchen ein kleines Theaterstück inszenieren: »Das dreckige Brötchen«. Es handelt sich dabei um die intimen und unappetitlichen Erinnerungen eines gealterten Restaurantbrötchens, das in seinem Leben in der Küche des Hauses soviel Elend gesehen hat, daß es darüber ganz zynisch und verbittert geworden ist. Zuerst war es noch voller Ideale über den Restaurantbetrieb, aber dann mußte es mitansehen, wie sein bester Freund, das Aldileberwürstchen, unter dem Hohngelächter des Küchenpersonals auf einen Teller gequetscht und als Gänseleberpastete serviert wurde. Lassen Sie es über die Gewohnheit des Küchenchefs plaudern, in den Brotteig seine eigenen Fußnägel zu schneiden, um ihn zum Vollwertteig aufzuwerten. Steigern Sie sich in einen Monolog über die kaukasischen Tellerwäscher, die bei Mitternacht rituell in die Gulaschsuppe onanieren, um irgendeiner barbarischen Gottheit zu huldigen.

Protestieren Sie lautstark, wenn das Bedienungspersonal Sie mit Gewalt aus dem Restaurant zerrt. Behaupten Sie, das Brötchen habe Sie gebissen. Drohen Sie mit dem Rechtsanwalt, fordern Sie Schmerzensgeld. Rollen Sie sich geschickt ab, wenn man Sie auf die Straße wirft.

Pimperanto®

Was ist PIMPERANTO®?

Ist es schon in der Heimat nicht einfach, jemandem seine sexuellen Wünsche sprachlich zu vermitteln, kann dies im Ausland, bei ständig wechselnden Idiomen und Ansprechpartnern, leicht zum Fiasko werden. Wer weiß schon aus dem Stegreif, was »Natursekt« auf flämisch heißt? Wörterbücher und Sprachführer sind da keine große Hilfe, meist umgehen sie weiträumig das heikle Gebiet oder begnügen sich mit nichtssagenden Gemeinplätzen (»Ich liebe dich« u. ä.). Esperanto war ein Schritt in die richtige Richtung, ist im Ganzen dann aber doch zu spießig geraten. Wußten Sie, daß es in Esperanto drei Worte für »bügeln« gibt, aber kein einziges für »Schwanzparade«?
Hier setzt PIMPERANTO® an, die Urlaubssprache für Alleinreisende jederlei Geschlechts.

Die Ursprünge

PIMPERANTO® setzt sich im wesentlichen aus den Sprachen der führenden Urlaubsnationen sowie aus kroatischem Zuhälterjargon und einigen afrikanischen Stammesdialekten zusammen und darf gerne mit ausladenden, obszönen Gesten begleitet werden (siehe auch PIMPERANTO® für Schwerhörige). Nicht immer wurden die Worte aus fremden Sprachen entlehnt, weil sie die direkte Übersetzung waren, sondern manchmal wurden sie einfach nur gewählt, weil sie hohe Assoziationskraft oder Klangharmonie besaßen. Ein Beispiel: Das ungarische Wort »Fötzelek« bedeutet mitnichten was Sie jetzt gerade denken, sondern »Gemüse«. In PIMPERANTO® bedeutet »Fötzelek« dann tatsächlich, was Sie jetzt gerade denken.

Fötzelek

Der Grundwortschatz

Der PIMPERANTO®-Grundwortschatz ist minimal: Ficken, lecken, blasen sowie einige unverzichtbare Verbindungswörter und Höflichkeitsfloskeln.

iii

PIMPERANTO® ist die einzige Sprache der Welt, in der der Buchstabe i dreimal hintereinander vorkommen kann. Das hat keinen Einfluß auf die Aussprache (sprechen Sie »iii« einfach »i«), es macht auch sonst keinen Sinn, es sieht einfach lustiger aus so.

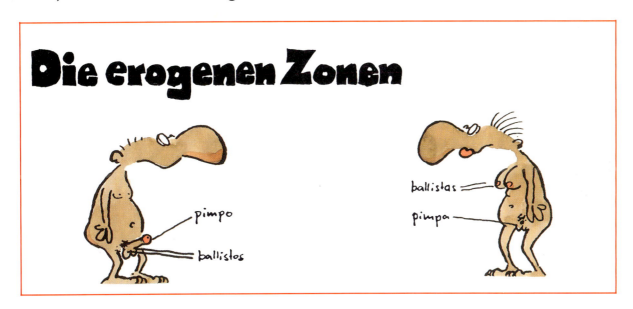

Die wichtigsten Vokabeln
1. Hoogla

Die wichtigste PIMPERANTO®-Vokabel ist »hoogla«. »Hoogla« ist multipel verwendbar und kann unter anderem »ja«, »nein«, »ich«, »Du«, »jetzt«, »später«, »bitte«, »danke«, »gut«, »schlecht«, »Brüste«, »Weltschmerz«, »Sinnkrise« oder »Fußgängerzone« bedeuten. Außerdem signalisiert »hoogla« auf einer permanent mitschwingenden zweiten Bedeutungsebene Ihre innere Bereitschaft zum Mischen von Körpersäften. Benutzen Sie also einfach »hoogla« so oft wie möglich, dann sind Sie schon mal auf dem richtigen Weg.

2. Boogla

Die zweitwichtigste Vokabel ist »boogla«, sie bedeutet außer »Helmpflicht« und »Penisneid« immer auch das Gegenteil von »hoogla«.
Wenn Sie Ihrer inneren Zerrissenheit und Indifferenz Ausdruck geben wollen, dann benutzen Sie einfach beide Worte zusammen: »hoogla-boogla«.

3. Yoogla

»Yoogla« ist nicht unbedingt eine Vokabel, mehr eine Zustandsumschreibung, ein Ausdruck der Leere (beim Mann) oder der Ausgefülltheit (bei der Frau), die man nach vollzogenem Geschlechtsakt empfindet. »Yoogla« ist die bittere Klage des Mannes über den Verlust seines Samens, ist der Triumphruf der Frau, die ihn empfangen hat. Kurzum: Wenn Sie fertig sind, sagen Sie einfach »Yoogla«, egal, ob Sie Männchen oder Weibchen sind.

4. Zoogla

»Zoogla« ist eine Art Supervokabel, sie kann eigentlich alles bedeuten. Außer das, was »hoogla«, »boogla« und »yoogla« bedeuten, selbstverständlich.

Zoogla   Zoogla   Zoogla   (usw)

Die Grammatik

Auf die Grammatik pfeifen wir mal. PIMPERANTO® hat eine eher anarchische Struktur. Anstatt auf den korrekten Einsatz von Subjekt, Prädikat und Objekt zu achten, sollten Sie sich lieber darauf konzentrieren, die Worte möglichst gurrend und sinnlich von sich zu geben. Wichtig ist allerdings die Betonung. Ein Beispiel: »Hoogla blafotz« bedeutet bei Betonung auf den A's »Ich komme ziemlich!«, bei Betonung auf den O's aber »Ich habe eine sehr übertragbare Geschlechtskrankheit!« Das ist ein Unterschied.

Die wichtigsten Floskeln
1. Kontaktaufnahme

»*Pimpi?*« »Ficken?«
(»Pimpi« kann »ficken« bedeuten, gleichzeitig aber auch »Fick«, »gefickt werden«, »ich werde ficken«, »du wirst gefickt werden«, »Heute schon gefickt?«, »gefickt gehabt zu haben«, »Fick mich, du Sau!« und, wenn die Betonung auf dem zweiten i liegt, »Mein Hut ist kalt.«)

»*Voulezvous una pimpofisto a la toilette de jardiiin?*«
»Wie wäre es mit einem Faustfick auf dem Stadtparkklo?«

»*Fötzelek?*«
Na, Sie wissen schon . . .

2. Ausflüchte

»*Nogracias, mio hablas menstruatiii!*«
»Nein danke, ich habe sehr meine Tage!«

»*Nogracias, tu habla menstruatiii!*«
»Nein danke, du hast sehr deine Tage!«

3. Komplimente

»*Tu hoogla beautifullo as Frans Kawka!*«
»Du bist schöner als Franz Kafka!«

»*Tu smello as un birkenstock timber!*«
»Du riechst wie ein frischgefällter Baum!«

»*Youra sausagi es multo bifteckiii!*«
»Deine Wurst ist sehr fleischig.«

»*Youra melona lefta es dio!*«
»Deine linke Brust ist Gott!«

Birkenstock

Sausagi

Frans Kawka

4. Konversation (während)

Seien Sie kein Stoffel, würzen Sie den Geschlechtsakt mit ein wenig pfiffiger Konversation. Der neueste Trend: Gepflegte Aussprache, sorgfältige Wortwahl und Kenntnis der Heiligen Schrift sind wieder »in«.

Eröffnen Sie etwa den Säfteabtausch mit dieser schönen Formulierung:

Mit einer Eröffnung wie dieser legen Sie nicht nur Ehre ein, sondern verwandeln auch jede Dame von Bildung in ein wild um sich fickendes Feuchtgebiet. Einer gepflegten Konversation mit erotischen Untertönen steht dann nichts mehr im Wege:

5. Konversation (danach)

Nach vollzogenem Verkehr zeigt sich der wahre Liebhaber von Weltformat. Auch hier ist eine charmante Bildungshuberei der Maulfaulheit vorzuziehen. Protzen Sie ruhig ein bißchen mit Ihrer Allgemeinbildung:

1. »In Jordanien gibt es keine Fußgängerzonen.«
   »In jordaniii no has boogla.«

2. »Der Elefant ist die einzige Tierart mit vier Knien.«
   »Ho jumbo uno animlüü kniii 4!«

3. »Franz Kafka war schöner als Max Brod.«
   »Frans Kawka hoogla beautifullo as Maks Brot!«

4. »Wenn das Subjekt ontologisch als existierendes Dasein begriffen wird, dessen Sein in der Zeitlichkeit gründet, dann muß gesagt werden: Welt ist subjektiv, aber diese subjektive Welt ist dann als zeitlich transzendente objektiver als jedes mögliche Objekt.«
   »Nufta.«

(Die Vokabel »nufta« wird immer dann eingesetzt, wenn eine besonders komplexe, komplizierte oder ausufernde Aussage auf eine griffige Formel gebracht werden soll. »Nufta« erklärt so in einem Wort etwa auch die Quantenphysik, den kategorischen Imperativ, die unbefleckte Empfängnis sowie alle Theorien von Stephen Hawking.)

6. Sonderwünsche

Erlaubt ist, was gefällt — das gilt auch im fremdsprachigen Ausland. Sollten Ihre sexuellen Neigungen eher avantgardistischer Natur sein, seien Sie darum nicht verlegen, wichtig ist, daß Sie Ihre Wünsche unmißverständlich und selbstbewußt artikulieren.

1. »Wenn du nicht sofort (diesen Hund küßt/in meine Schuhe ejaku-
lierst/diesen Altar schändest), werde ich dir deinen kleinen Arsch ver-
sohlen!«
»*Nufta!*«

2. »Diese Banane ist sterilisiert.«
»*Chiquita.*«
3. »Keine Angst, das ist nur (mein Unterarm, eine sterilisierte Südfrucht,
mein Hund, der Freund meines Bruders).«
»*Nufta.*«

7. konversation
(nach Sonderwünschen)

»*Hoogla chien beautifullo boogla Frans Kawka!*«
»Dein Hund ist schöner als Franz Kafka!«

Noch Fragen?

Wohl kaum. Im Zweifelsfall sagen Sie einfach immer »hoogla«, das ist nie
verkehrt. Das können Sie sogar, wenn Sie gar nicht sprechen können. Sehen
Sie selbst:

PIMPERANTO® für Taubstumme

"Pimpi?" — "Heute schon gefickt?", "Fick", "gefickt werden", "ficken", etc, etc...

"Protz!" — "Ich hab' so'n langen!"

"Oggli pimpo zoogla! Mio hoogla submarino!" "Denn siehe mein Hartgewachsenes! Ich will es in dich versenken!"

"Hoogla." — "Ja." "Nein." "Bitte." "Danke." "Brüste", "Weltschmerz", "Fußgängerzone" usw.

"Boogla." — "Helmpflicht", "Penisneid" und natürlich das Gegenteil von "hoogla".

"Fötzelek?"
Na - Sie wissen schon...

Schöner Sterben: Alter, Krankheit, Wartezimmergestaltung, Wahnsinn und Tod

Der Spaß des Sterbens

»Wenn ich einmal sterbe, will ich krank sein und nicht gesund.«

Jack Nicholson

Das Alter

»Mit 50 fängt das Leben erst an!« heißt es. Das ist natürlich Unfug, von einigen 50jährigen in die Welt gesetzt, die der Wahrheit nicht ins Gesicht sehen können. Solche Menschen tragen künstliches Haar, Designerbrillen und ungebührend jugendliche Kleidung; sie verdienen unser Mitleid.

Das Leben fängt natürlich mit der Jugend an (s. Kapitel Jugend), mit 50 fangen die Schwierigkeiten mit der Prostata an. Überhaupt lernen Sie ab 50 Ihre inneren Organe erst richtig intensiv kennen. So intensiv, daß Sie ihnen Spitznamen geben können.

Was man mit 50 tun kann

Geben Sie Ihren Organen Spitznamen. Erkundigen Sie sich gelegentlich bei Ihrem Arzt nach dem Befinden von »Pümpchen«, »Milzi« und »Zirrhöschen«. Teilen Sie Ihre Leberwerte durch Ihren Blutdruck, multiplizieren Sie das Ergebnis mit der Kurtaxe. Duzen Sie Ihren Arzt. Richten Sie sein Wartezimmer nach Ihrem Geschmack ein, denn das ist jetzt Ihr neues Zuhause.

Verhalten im Wartezimmer

Wartezimmer sind selten auf der vollen Höhe der innenarchitektonischen Entwicklung, kaltes, unpersönliches Licht und unkomfortable Bestuhlung sind keine Seltenheit.

Um dem Wartezimmer Ihrer Wahl etwas Behaglichkeit zu verleihen, bringen Sie bei jedem Arztbesuch einfach ein kleines Utensil mit, das Ihnen Heimat bedeutet: ein besticktes Kissen, ein Teestövchen, ein Pferdeposter, Duftkerzen, einen Luftbefeuchter. Sorgen Sie selbst für Ihre Unterhaltung, das kulturelle Angebot in Wartezimmern ist oft erschütternd niveaulos. Ein Kassettenrecorder mit Hörspielkassetten ist gut oder ein Sprachkurs in Fortsetzungen, man ist nie zu alt, um Portugiesisch zu lernen. Oder warum machen Sie sich auf Ihre alten Tage nicht noch ein Instrument gefügig, vielleicht eine indische Zither mit 26 000 Saiten?

Nutzen Sie die Zeit, um Mitpatienten Ihre innerorganische Gesamtsituation zu vermitteln. Führen Sie immer eine Präsentationsmappe Ihrer Röntgenaufnahmen mit sich. Prahlen Sie mit Ihren Cholesterinwerten.

Aber das Wartezimmer ist auch ein Ort der Kontemplation, der inneren Einkehr. Lehnen Sie sich zurück, betrachten Sie Musterungen an der Korkdecke. Sieht diese nicht aus wie die Umrisse von Finnland, jene nicht wie drei lesbische Mulattinen beim Oralverkehr? Teilen Sie den Mitpatienten Ihre Entdeckungen mit. Zählen Sie die Infarktpatienten im Raum und multiplizieren Sie sie mit den Darmerkrankungen, teilen Sie das Ergebnis durch die Anzahl der ausliegenden Pharmazieverherrlichungszeitschriften. Spielen Sie Ihren Mitpatienten Ihre Version von »Knockin' On Heavens Door« auf der indischen Zither vor, dann wird man Sie wahrscheinlich gerne vorlassen.

Beim Arzt

Ärzte lassen einen besonders gerne noch etwas im Behandlungszimmer schmoren, um die Dramatik ihres Auftritts zu heben. Zeit genug, um ein paar Blankorezepte zu stehlen, die Sie nachher im Bahnhofsviertel an Drogensüchtige veräußern können. Nehmen Sie sich dann die Patientenkartei vor. Vertauschen Sie ein paar Unterlagen, fälschen Sie Leberwerte und schreiben Sie großspurige Bemerkungen hinein. Rufen Sie die betreffenden Patienten an, tragen Sie Ihnen die neuen Werte vor und teilen Sie ihnen mit, wie viele Monate sie noch zu leben haben.

Tätigen Sie bei dieser Gelegenheit ein paar dringende obszöne Telefonate nach Bangkok, Sidney und Spitzbergen. Pinkeln Sie in die zur Untersuchung bestimmten Urinproben. Wenn der Arzt kommt, klagen Sie über Schmerzen im Analbereich. Er muß Ihnen dann den Finger in den Po stecken, was Ihnen Gelegenheit gibt, das Stethoskop zu klauen.

Im krankenhaus

Ein Arztbesuch mündet nicht selten in einen Krankenhausaufenthalt. Sei es, um Ihnen ein lebenswichtiges Organ zu entfernen, sei es, um Sie per Blutkonserve mit einer unheilbaren Geschlechtskrankheit zu infizieren — überlassen Sie das getrost dem Einfallsreichtum des medizinischen Personals. Das ist immer eine willkommene Erholung vom Alltagstrott. Sie werden sich zu Uhrzeiten die Geschlechtsteile waschen, an denen Sie sonst gerade mal besoffen ins Bett gefallen sind. Und Sie werden neue, ungeahnte Krankheiten kennenlernen, die Sie sich ab jetzt einbilden können.

Neue, ungeahnte Krankheiten, die Sie sich ab jetzt einbilden können:

ZIMPFOMATOSE, eine Krankheit benannt nach der Zimpfe, einem gerade erst entdeckten Organ direkt neben der Milz. Die Zimpfe hat keine wichtige biologische Funktion, außer, wenn sie sich entzündet: dann verfärbt man sich blau, bekommt Ohren wie ein Dackel und es wachsen einem kleine Hühner auf dem Kopf. Die meisten Symptome verschwinden nach 3 Jahren, aber die Hühner bleiben.

ALLERGIA SYPHILITIS oder vulg. LEIPZIGER PIMMELSCHNUPFEN, eine Geschlechtskrankheit, die man sich beim Geschlechtsverkehr mit ostdeutschen, heuschnupfenkranken Prostituierten einfangen kann. Klingt lustig, macht aber tot.

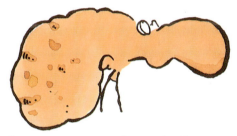

GEHIRNZIRRHOSE (scherzhaft auch DENKER-LEBER genannt), die neue Intellektuellen-Krankheit. Die grauen Zellen sind nicht mehr in der Lage, das gespeicherte Wissen zu verarbeiten, was zu einer Schwellung der Ganglien und schließlich zu Genickbruch führt.

TATTOOTIA EPIDERMIS oder SEEMANNSHAUT. Über Nacht erscheinen auf der Haut Tätowierungen diffamierenden Inhalts. Sie sind nicht zu entfernen und vermutlich psychosomatischen Ursprungs. Ärzte empfehlen meistens Selbstmord.

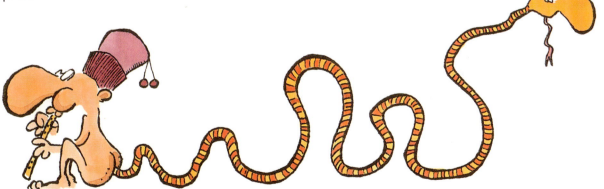

BULGARISCHER BRILLENBANDWURM, die Geissel der Karpaten. Befällt nur bisexuelle bulgarische Bergbauern, die in Bombay Ballistik studiert haben. Wahrscheinlich die seltenste, mit Sicherheit aber die längste Krankheit der Welt (25 m).

Vor der Operation

Nutzen Sie die Zeit vor der Operation und erkunden Sie das Terrain, treiben Sie sich ein bißchen im Krankenhaus herum, wer weiß, ob Sie sich nach der Operation jemals wieder ohne fremde Hilfe fortbewegen können.

Statten Sie der Entbindungsstation einen Besuch ab, spielen Sie Schicksal und vertauschen Sie ein paar Babys. Schnüffeln Sie in den anderen Krankenzimmern herum, erhöhen Sie hier und da die Infusionszufuhr und kosten Sie ein paar von den herumliegenden Medikamenten. Lassen Sie sich vom Pflegepersonal die Schamhaare rasieren, auch wenn es sich um eine Mandeloperation handelt – nehmen Sie mit, was Sie kriegen können.

Zeichnen Sie mit bunten Filzstiften die Lage Ihrer kranken Organe auf Ihre Haut, fügen Sie exakte Operationsanweisungen dazu, um Kunstfehler zu vermeiden. Nehmen Sie ein paar Valium, lassen Sie vom Pfleger ein paar Polaroidfotos von Ihnen in Ihrem Operationshemdchen machen.

Während der Operation

Stürzen Sie in einen Tunnel aus Licht, hören Sie die Stimmen der Ärzte, die klingen, als kämen sie aus einem Brunnenschacht, der mit Klopapier verstopft ist.

Nach der Operation

Erwachen Sie langsam auf der Intensivstation, klingeln Sie nach der Schwester und bestellen Sie ein Pils. Wenn sie nicht lacht, klären Sie sie darüber auf, daß dies ein alter Intensivstationswitz ist.

Stöhnen Sie, hadern Sie mit Ihrem Schicksal. Fallen Sie in einen wirren Traum, der unter anderem davon handelt, daß Sie vierzehn Genitalien haben. Wachen Sie wieder auf, klingeln Sie nach der Schwester, erzählen Sie ihr den Genitalientraum. Verlangen Sie Kokain und Speiseeis. Zeigen Sie der Schwester die Polaroidfotos.

Zählen Sie die Anzahl der Tropfen, die pro Minute in Ihren Infusionsschlauch fallen, multiplizieren Sie diese Zahl mit der Anzahl der lesbischen Mulattinnen, die Sie in der Rauhfaserstruktur der Decke ausmachen können, klingeln Sie nach der Schwester und teilen Sie ihr das Ergebnis mit.

Wahnsinn

Der Wahnsinn gilt als der Paradiesvogel unter den Organerkrankungen, man zählt ihn zu den schönsten Krankheiten der Welt. Der Wahnsinn hat tatsächlich einen unbestreitbaren Vorteil: Der Patient selber merkt gar nichts davon. Man wird einfach morgens wach und glaubt, man sei – sagen wir mal – eine Orange, die gleich von Adolf Hitler zum Frühstück verspeist wird. Ansonsten ist alles normal – bis auf diese blöde Hand mit 6 Fingern, die einem gelegentlich aus dem Kopf wächst.

Und diese Stimmen im Kopf – die können einen manchmal richtig verrückt machen! Wer weiß: vielleicht haben Sie selbst schon längst den Verstand verloren und wissen es noch gar nicht? Machen Sie lieber unseren kleinen Test:

Sind Sie wahnsinnig?
Ein Test

1. Ich bin . . .

a)	ein Mann	0 Punkte
b)	eine Frau	0 Punkte
c)	zwei Männer	200 Punkte
d)	drei Frauen	300 Punkte
e)	eine Orange, die gleich von Adolf Hitler zum Frühstück verspeist wird	400 Punkte

2. Ich fühle mich manchmal . . .

a)	normal	0 Punkte
b)	verfolgt	200 Punkte
c)	wie jemand, dem eine gotische Kathedrale (eine Hand mit 6 Fingern, eine Gesetzestafel) aus dem Kopf wächst	400 Punkte

3. In meiner Freizeit . . .

a)	schreibe ich Fugen mit Menstruationsblut	200 Punkte
b)	löse ich Kreuzworträtsel	0 Punkte
c)	löse ich Welträtsel	600 Punkte

4. Dieser Tintenklecks sieht aus

a) wie ein Tintenklecks (0 Punkte)
b) wie das Blut des tamilischen Taxifahrers,
   das ich getrunken habe, nachdem ich das
   Chorgestühl des Bamberger Doms in
   Brand gesetzt habe. (800 Punkte)

5. Ich höre manchmal . . .

a) Stimmen in meinem Kopf   200 Punkte
b) Signale vom Planeten ZEMPFF   400 Punkte
c) Radio Luxemburg   0 Punkte

6. Ich möchte am liebsten

a) Frieden   0 Punkte
b) in Polen einmarschieren   1000 Punkte

Auflösung:

0 Punkte: Sie sind normal.
Ab 200 Punkte: Sie sind verrückt.
600 bis 1000 Punkte: Sie sind vollkommen wahnsinnig.

Was man tun kann, wenn man wahnsinnig ist

Marschieren Sie ruhig in Polen ein, wenn Ihnen danach ist. Sie kriegen mildernde Umstände.

Der Tod

Der Tod steht allgemein in einem schlechten Ruf. Dinge wie Abschied, Lokalverbot und Wurmbefall klingen da unangenehm mit. Wir wollen auch nichts beschönigen: Sterben ist wirklich das Letzte! Dennoch: mit etwas Phantasie und Sonne im Herzen läßt sich sogar diesem finalen Akt noch etwas abgewinnen. Zumindest ein bleibender Eindruck bei den Angehörigen:

Was man tun kann, wenn man stirbt

Ändern Sie im letzten Augenblick Ihr Testament. Vermachen Sie Ihr gesamtes Vermögen irgendeiner bizarren politischen Organisation, einer stadtbekannten Hure oder einem möglichst untergeordneten Tier, am besten einem Wurm.

Sehen Sie sich den Film an, der vor Ihrem inneren Auge abläuft. Zählen Sie dabei Ihre Todsünden, dividieren Sie den Betrag durch die Anzahl Ihrer Orgasmen und multiplizieren Sie das Ergebnis mit der laufenden Nummer Ihrer Steuererklärung, dann haben Sie den Sinn des Lebens.

Und schließlich: Nehmen Sie alle Drogen, die Sie kriegen können – süchtig werden können Sie ja nicht mehr. Und das Beste: Sie haben am nächsten Tag garantiert keinen Kater.

Schöner kaufen mit dem kleinen Arschloch

Hostienschänden für Anfänger!

Früh übt sich, was ein Hostien-schänder werden will! Natürlich mit unserem Spielkasten "DER KLEINE HOSTIENSCHÄNDER! Inhalt:

- 5 geweihte Hostien
- 1 Phiole Tierblut
- 1 Koran
- Mehrere Blasphemien
- 1 Blitzableiter

 Stark!

Super!

Nur 59,90 DM

Kleines Arschloch - Puzzle für Doofe

Stundenlanges Vergnügen!

Sport, Spiel, Spannung!

Auch für geistig Behinderte geeignet!

Nur 250 DM !!!

DESIGNER-DROGEN - SELBST-GEMACHT!

Mit dem "Kleines-Arschloch-Designer-Drogen-Set"! Inhalt: 1 Bunsenbrenner, 4 Reagenzgläser, 50 Gramm Strychnin, 10 Gramm Fliegenpilze (getrocknet), diverse Chemikalien, 1 falscher Personalausweis.

Der Preis: **10% von Ihrem Umsatz!**

JETZT AUF VIDEO: PIMPERANTO FÜR TAUBSTUMME!

30 Minuten (ohne Ton) Die schönsten Kompli-mente! Die gängigsten Floskeln!

19.80 DM

Für Blinde auch als Hörkassette!

Schöner kaufen mit dem kleinen Arschloch

Schöner kaufen mit dem kleinen Arschloch

"Wenn ich König der Welt wäre, dann würde ich alle Frauen ferkeln, und dafür müßten sie auch noch Steuern zahlen."

(Kleines Arschloch, cirka 12)

Und was würden Sie tun?

TABULOS – NA UND?

Jg. Mn (12) n. verh. 50 kg, 14J, 60cm, möchte Frau, Mann, Transv., Paar, Kegel-club kennenlrn. Mache alles mit, Naturs., Pofick., Hostienschänden. Gerne auch

Gruppens., auch mit mehreren Ausländern (besond. bisex. bulgarische Bergbauern willk.) Lasse mich auf Tupperwareparties und Kaffeefahrten raunehmen. Gegen kl. Taschengeld Aktf., auch mit Hund.
lus. 63482

Zeigen Sie Flagge! Wählen Sie

KAP (Kleines - Arschloch - Partei)

Für:
Kommunismus, Planwirtschaft und dialektischen Materialismus!

Gegen:
Fleischfarbene Büstenhalter, Frauenblusen mit Männernamen, Karaoke und Krieg!

Wähl' nicht irgendeinen scheiß, mach' Dein Kreuz in meinen Kreis!

Marx ist nicht tot - er riecht nur komisch!

KAP

LEBENSMÜDE, ABER ZU FEIGE ZUM STERBEN?

Aktive Sterbehilfe im Seesanatorium "KLEINES ARSCHLOCH"

Unser Programm: Langwieriges Siechtum durch gezielt ungesunde Lebensweise

① 6 monatige Nikotinkur (4 Packungen Gitanes auf Lunge pro Tag, Nikotininjezierungen, Kautabakdiät, aktives Passivrauchen.) **12800 DM**

② 1 monatige Cholesterin-Behandlung (Buttercreme-Einläufe, Marlon-Brando-Spezialdiät) **4800 DM**

③ 6 wöchige Lebermißhandlung (Kampftrinken, Quartalsaufen, Absinthorgien unter Aufsicht von erfahrenen Alkoholikern) **5800 DM**

④ 14 tägiges Crash-Seminar (Nikotin-Cholesterin-Alkohol-Kombi-Paket) **2400 DM**

Für ganz eilige: Überdosis in unserer Nobelsuite "zum goldenen Schuß"!

BESTATTUNG AUF EIGENEM FRIEDHOF!

Schöner kaufen mit dem kleinen Arschloch

BESTELLUNGEN BEI: EICHBORN-VERLAG, 6000 FRANKFURT 1, HANAUER LANDSTR. 175, Tel: 069-405 87 80. VERLANGEN SIE HERRN PREUSS!

Bücher und Firlefanz, die's wirklich gibt

Der Hampelmann

Best.-Nr. 10022
24,80 DM*

Der Hampelmann ist ordentlich groß: 38 mal 28 cm. Er ist aus einer festen, drucklackierten, superzähen Pappe gefertigt. – Gezogen wird – woran wohl?! Erraten! Am Swans.

* empfohlener Ladenpreis

Skulptur: kleines Arschloch + alter Sack

Handgefertigt, mit Zertifikat, auf 199 Expl. limitiert!

Ganz in weiß: 298,– DM.

Bunt bemalt: 348,– DM.

Arschloch international

Alle Bände voll in Farbe. Großformat.

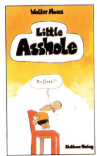

Kleines Arschloch als Ami.
19,80 DM.
Best.-Nr. 3-8218-2998-2

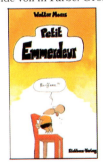

Kleines Arschloch als Franzmann.
19,80 DM.
Best.-Nr. 3-8218-2991-5

Kleines Arschloch als Itaker.
19,80 DM.
Best.-Nr. 3-8218-2984-2

2x in Höchstform!

Zum Angewöhnen, Kleines Arschloch im Großformat. Alle Strips voll in Farbe. Fester Einband. 19,80 DM. Best.-Nr. 3-8218-3000-X

Zum Süchtigwerden. Die Fortsetzung. Wieder im Großformat. Alle Strips im vollen Farbrausch gezeichnet. Fester Einband. 19,80 DM. Best.-Nr. 3-8218-2999-0

Die 4fache Lachkur

Schweinewelt im Großformat. Schwarzweiße Strips. Fester Einband.

Gratulation im Großformat. Schwarzweiße Strips. Fester Einband.

Best.-Nr. 3-8218-1828-X. 19,80 DM Mit Fickalarm

Best.-Nr. 3-8218-1831-X. 19,80 DM Augen essen mit!

Mit dem allerersten Auftritt vom Kleinen Arschloch! Best.-Nr. 3-8218-1832-8. 19,80 DM

Voll in Farbe. Letzte Geschichte vor der Autobahn!

Best.-Nr. 3-8218-2996-6. 19,80 DM

Unverschämt ist Trumpf. Großformat. Schwarzweiße Strips. Fester Einband.

Mit den schönsten Geschichten der Welt, z. B. Schrumpelstilzchen. Großformat. Fester Einband.

Glotz nicht. Kauf!

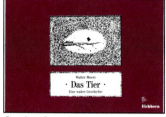

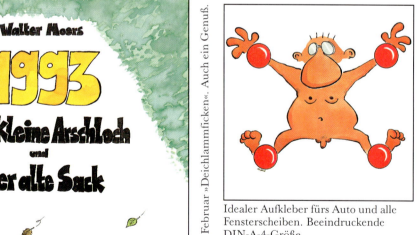

Bücher und Firlefanz, die's wirklich gibt

Schöner wischen!

Unendlich froh – auf dem Klo. Klopapier-Rolle. Im farbigen Geschenkkarton. Tissue-Toiletten-Papier, 2lagig, weiß, einfarbig bedruckt. 250 Blatt.
12,95 DM*.
Best.-Nr. 10018

Uhrkomische Ur.

Das Kleine Arschloch im Zeichen der Zeit

Weihnachten.

Das ideale Geschenk zu Ostern.

Armbanduhr mit Plastikarmband. Swatch-Qualität. Der gnadenloseste Zeitmesser zwischen Äquator und Polarkreis.
65,– DM*. Best.-Nr. 10023

Arschloch am Revers

Die ultimative Anstecknadel. Metall. Emailliert. Farbig, 2mal 2,5 cm. Dieses Abzeichen öffnet Ihnen bei allen Arschlöchern alle Türen.
12,95 DM.
Best.-Nr. 10019

T-Shörts für Sie & Ihn

Alle in Größe XL
30,– DM*

Best.-Nr. 10025

Best.-Nr. 10024

Best.-Nr. 10026

* empf. Ladenpreis

* empf. Ladenpreis

Arschloch 3-dimensional

Arschloch in Schneekugel, gefüllt mit glasklarem Wasser und blütenweißen Schneeflocken. Durchmesser 10 cm, Höhe 7,5 cm. Schütteln – und unser Kleines Arschloch steht im schönsten Schneetreiben.
24,80 DM*. Best.-Nr. 10014

Schlüsselanhänger. Metall. Figur aus Weichplastik.
11,95 DM*.
Best.-Nr. 10015

Kleines Arschloch völlig solo. Weichplastik. 6 cm hoch. Liebevoll handbemalt.
9,80 DM*. Best.-Nr. 10013

* Empf. Ladenpreis

Zierkorken (oder Kleines-Arschloch-Propf). Verschließt wirklich alles. Wein, Schnaps, Saft, Essig, Öl. Das Geschenk für Küche und Hausbar. Figur 6 cm hoch. Weichplastik. 11,95 DM*.
Best.-Nr. 10016

Tolle Dose. Kleines Arschloch bewacht Ihren Schmuck, Ihr Gebiß, Ihre Büroklammern. Empf. Preis:
16,95 DM. Best.-Nr. 10017

* Empf. Ladenpreis